JN439815

중환자실의 까뮈

정진영 시집

시인동네 시인선 004

정진영 시집

중환자실의 까뮈

시인동네

시인의 말

오래 지냈던 하숙집에서
이제 막
짐차가 떠나기 직전
잠시 돌아보던
이층 계단
한 시절을 접고 떠나던 그때처럼
닥쳐올 모든 것들을
멀미하듯 기대하면서,

기적처럼 내게로 와
삶을 있는 그대로 껴안게 해준
가을 아이에게
이 시집을 바친다.

2013년 겨울
정진영

중환자실의 까뮈

차례

제1부

제2부

제3부

제4부

제1부

피타고라스의 달

달이 숫자 모양으로 떠오르는 시간, 경리과 K 과장은 버스 차창에 비친 자신의 몰골을 무심히 본다 어둠 속에 고여 있던 눈알이 희미하게 유리 위로 튀어나온다 눈동자 속으로 빌딩 창문들이 금전출납부 잔고란 넘겨지듯 휙휙 지나간다 종일 자신이 들여다보던 아라비아 숫자들 123456789 눈알 속으로 파고들듯 일제히 각을 뒤튼다 완전한 수로 끝나지 못해 버석거리는 숫자들, 그의 후줄근한 오늘 뒤에 달라붙어 떨어지지 않는다 점점 더 눈알 안쪽이 부풀어 오른다 터질 것 같아, 아아 눈꺼풀을 질끈 내리감는다 그의 어지러운 하루가 으깨진다 고였던 숫자들이 쏟아진다 텅 비워지는 눈동자 속, 드디어 숫자 10이 그의 안구 속으로 굴러 들어가 환히 박힌다

헤라클레이토스의 빈집

잘 있었니 나의 올리브 나무야
네 속에 둥지 틀었던 새들
어디로 날아간 거니
가지 사이로 난 덧창을 따라
꿈틀대며 기어가던 생각 벌레
톡톡 쪼아 먹던 새들
다 어디로 가버린 거니
이젠 너무 배가 불러져
나무 구멍 속이 답답하다고
지나온 날들로 가득 찼다고
밤새 소리도 없이
깃털 고르며 울어대더니
아침보다 먼저 나온 효홍신(曉紅神)
그 연분홍 새벽빛에 줄을 대고
시간의 숲 밖으로 아주
날아가 버렸구나

새들이 있던 자리,

나뭇잎 창이 꽝꽝 닫힌 거기,
새들이 떨어뜨리고 간
솜털 부스러기들을 뭉쳐
팻말을 걸어놓는다

〈기억을 세놓음〉

---

* 헤라클레이토스는 고대 희랍 철학자로서, 시간에 대하여 "같은 강물에 두 번 들어갈 수 없다"라는 말을 남겼다.

케르겔렌 군도*

153번 버스를 타고 잠수를 한다
승객 만원의 버스 물속
속도계에 오리발을 달고
느릿느릿 물길을 헤치며 간다
가로 120 세로 90으로 놓여진
큼직한 차창 수경을 쓰고
신사오거리 굽은 만을 막 꺾으려는데
덜컹 들어차 있던 바닷물이 쏟아지며
버스정류장이 환해진다
무수히 찍히는 해변의 발자국들
한 발로 서 있는 갈매기 샌들 자국
젊은 바다표범의 270밀리 운동화 자국
종종걸음 치며 붉은 부리를 쪼아대는
가마우지 하이힐 자국
다들 자기들만의 섬으로 실어다 줄
통통배 마을버스를 향해
각기 다른 방향으로 흩어지며 내린다
나는 이쯤에서 차창 수경을 열고

황급히 바닷바람을 들이마신다

다시 버스에 물이 차오르고
나는 천천히 물속으로 가라앉는다

* 케르겔렌 군도 : 약 삼백 개의 섬으로 이루어져 있으며 안개와 암초로 둘러싸여 있다. 그 고장의 내부는 완전히 황폐하고 살아 있는 것이라고는 전혀 찾아볼 수 없다.

까뮈 병실 301호

어느 스님이 조주에게 물었다
“개에게도 불성이 있습니까?”
조주가 말했다
“없다!”

의사가 들어와 묻는다 이제 기억이 나시는지요? (그는 방금 깨어났다) 그가 더듬거리며 입을 벌렸을 때 갑자기 그의 입속에서 개 짖는 소리가 튀어나온다 뱃속 깊은 곳에서 동그랗게 말린 소리가 입 밖으로 튕겨 나온다 (슬로모션으로) 엉켜 단단해진 소리가 응급실 벽을 향해 날아간다 한 번은 밖을 향해 한 번은 안을 향해 네트처럼 펼쳐진 침상 칸막이를 스치며 소리가 굴러 떨어진다 놀란 의료진들이 그의 입을 틀어막으려 달려든다 굴러 나온 소리들이 흔들리는 침대에 부딪혀 튀어 오른다 (총소리보다 더 날렵하게 물오리를 낚아채던 기억과 서울대병원 동물정신과에서 자폐 치료를 받던 기억의 소리 공들) 그가 세차게 버둥거릴수록 점점 더 응급실 천장 쪽으로 높이 튀어 오르고 있다.

점묘법으로 듣기

이슬비 온다 사락사락, 얇은 물빛 목소리 이슬비 온다, 어린 새순들 오그렸던 귀를 연다 사락사락, 빗방울이 들어왔다 돌아나간다, 실가지가 흔들린다, 손톱만 한 나뭇잎을 뚫고 스며드는 물 속삭임 사락사락, 숨구멍이 간지럽다, 소곤대는 말을 들으려 사락사락, 연두색 감지기들 부풀어 오른다, 머지않아 수천 배나 큰 나뭇잎으로 펼쳐질 사락사락, 쉼 없이 귓속말을 쟁여 넣는 가지 끝 싹눈들, 곧 다가올 계절의 완성을 위해 사락사락, 대지를 뒤덮을 듯 내려앉는 뿌연 목소리, 사락사락, 이슬비 온다.

정사(情死)

요조*, 당신을 만나는 밤에는 어김없이 검은 물이 밀려듭니다. 겹겹이 넘실대는 물결이 침대 스프링에 스며들어 당신이 담담히 뛰어내렸을 그 다마 강, 깊고 어두운 수원지 바닥으로 나를 푹 꺼지게 합니다. 나는 기꺼이 무거운 눈꺼풀을 내리고 강물 아래 누운 당신에게로 흘러갑니다. 보이지 않는 물속을 더듬으면 당신이 흘려놓은 말들이 발가락 사이로 스며듭니다. 연민 때문에 가라앉은 당신의 취한 모래알들입니다. 밤새 건져내어도 줄어들지 않을 후회와 애착들의 지리멸렬한 알갱이들은 그렇게 내게로 와 달라붙습니다. 발이 없는 당신의 모래알들은 당신이 자라온 계급과는 전혀 다른 계급에서 자란 강하고 굳센 물풀들에게 달라붙습니다. 당신은 물회오리 속에서 밤이 다 가도록 내게 속삭입니다. 나는 솜에도 상처 받아요 그러니 상처 주지 말아요, 검은 물은 원래부터 그런 거라고 입을 벙긋거려도 소리는 닿지 않고 이내 당신의 물 동그라미 밖으로 내 말은 미끄러지고 맙니다. 그 가깝고도 먼 눈동자에 닿기 위해 나, 당신을 만나는 밤에는 검은 물을 벌써 몸속에 가득 채우고서 당신의 중심을 향해 단번에 뛰어내립니다. 후회도 없이, 당신을 꼭 빼닮은 물먹은 솜이 되어 점점 어둠 속으로 가라앉습니다.

---

* 요조 : 다자이 오사무의 소설 『인간실격』의 주인공.

페르소나

진저리 나는 물속

너는 내 혀를 뽑아내고도
물회오리로 빙글거리지
얼굴 없는 뒷면에 나를 가두고도
아니야 아니야
천연덕스럽게 출렁거리지

입이 없어지고 있잖아
말은 어떻게 하라고

두 손으로 얼굴을 쥐어뜯네
물 묻은 단어들이 뭉개지며
내 얼굴을 지우네

숨 막히는 물속

한 음절씩 그대로 돌려주지

변함없이 내 말을
잠깐 일렁였을 뿐 너는,

너는 물속 같지

두고 나온 집

우리 집은요 저기 보리수나무 속인데요 보리수 내 방은 너무 가벼워서요 몸이랑 생각이 거꾸로 둥실 떠오르고요 동그란 잎을 틔운 창문이 너무 많이 달려 있어서요 내 손이랑 발가락이 자꾸만 바깥으로 빠져나가요 어제는 그러니까 창문을 한번 열어 보았는데요 쏜살같이 생각이 나무줄기를 타고 올라가서는요 나마아 스떼에에 들려오는 피리 소리를 따라서요 흰 뱀처럼 구불구불 바라나시 모래언덕까지 날아갔었지 뭐예요 엄마가 그러는데요 이제는요 내 방을 비닐봉지에 싸서 묶어둬야겠대요 방을 묶어두면 너무 숨이 막히지 않을까요 그러니까 있잖아요

벌써 나무옹이 속에 나를 두고 나왔다니까요

싸락눈

겨울 것들에게선 비린내가 난다

파닥이며 몸 뒤집으며
보이지도 않는 좁쌀 아가미로 숨을 쉬며
바람 물결 거슬러 오르려
안간힘을 쓰는 와중에

손을 모아 가만히 손바닥에 가두면
사르르 지느러미 내려놓고 이내
더운 손금 속으로 꼬리 감추는

아직은 눈곱만 해도
자기주장하듯 확실히 앉았다 간 자리

물 반점 남겨놓는

첫눈

중환자실의 까뮈

책을 읽어주다가
환자의 호흡을 더듬어본다
들이마시고 내쉬어진 글씨들이
병실 공기를 채우고 있다
잠깐 멈춰진 그의 무호흡이
페이지를 와르르 넘긴다
그가 접어둔 곳, 알제……
그는 반으로 접힌 자리를
이제는 펼쳐놓고 싶어 한다
페스트가 휩쓸고 지나간
장례미사 문장이 쓰여 있는 곳
그는 끝까지 쉬지 않고 넘겨져
그곳에서 완전히 평온해진
쉼표를 찍고 싶어 한다
오오 서둘러야 한다
저 페이지에 산소 눈금을
다시 붙여주어야 한다
책갈피가 부풀도록

산소를 채워놓아야 한다
빠르게 다시,
책을 읽기 시작한다

끝난 겨울

달력의 마지막 장
어미 잃은 새들이 눈을 털고 날아오른다
종이 숲이 흔들린다
눈가루 속에 든 교회 종탑이 눈부시다
손바닥만 한 날개 속에
숫자를 품은 채
하늘 높이 날아가는 새들
저렇듯 숫자들을 안고 날아가다 보면
달력 밖에 남아 있는 잔설들도
가벼워지겠지
얼마나 더 가벼워져야
내일을 볼 수 있을까

달력 뒷장 들어보면
텅 빈 흰 종이,

한 해가 몽땅 비워져 있다

고양이 눈

시시각각으로 변하는 무지개 고양이 눈 속으로 비가 내리는지 집안에 물기가 흥건하다 눅눅한 벽지 눅눅한 시계 눅눅한 소파 보이는 모든 것들이 습기를 머금고 부풀어 오른다 벽에 붙어 있던 팽팽한 줄무늬가 느슨해져 불룩 솟아오른다 집안이 들썩, 부풀어 오른 벽의 힘에 밀려 시계가 툭 떨어진다 시간이 엎질러진다 방울진 시간들이 습기를 머금고 바닥으로 흩어진다 소파 밑으로 굴러 들어간다 감쪽같이 사라진 시간, 고양이 쏜살같이 소파 구멍 속으로 뛰어든다 앞발을 뻗어 시간을 꺼내려 버둥거린다 다음 순간 제바람에 놀라 허공 위로 펄쩍 뛰어오른다 시간의 잔상들을 탈탈 털어낸다 물기가 사방으로 튄다 시야를 가리던 눅눅함이 날아간다 완벽하고 아름다운 시계(視界), 고양이 눈 속에 말끔히 걸린다

지하철 1호선에서의 웅변

남자의 검은 연못 속에서 말의 씨앗이 자란다 그의 입 밖으로 달싹이며 밀려 나오는 떡잎 단어 몇 개 승객들의 후덥지근한 숨소리에 섞여 수면 위에서 흔들린다 그가 내는 첫 발성은 너무 가벼워 전동차 레일 떨림에도 동그라미를 그리며 흩어진다 줄기가 가는 낱말들은 얕은 생각 물살에도 자꾸 거꾸로 처박히고 만다

남자는 벌레 슬은 이파리처럼 목구멍 속으로 말려들기만 하던 문장들을 떠올린다 형태가 깨진 말들을 억지로 펴서 물 밖으로 토해놓을 때마다 표정을 찡그리던 사람들이 뒤집히고 가라앉고 다시 떠오른다 깨알 같은 글씨들이 쉼 없이 쓰러지며 그의 입술 수면 위에서 수런거린다

아아 더 이상 나빠질 것도 없어, 손바닥에 흥건히 고이는 조바심만큼 점점 더 늘어나는 물여울이 입속에서 소용돌이친다—이번 역은 종각 종각역입니다 내리실 문은 왼쪽입니다 쫓기듯 남자가 발뒤꿈치를 힘껏 구른다 가장 높이 밀려 올라오는 입속말을 재빠르게 잡아채 굵은 줄기 문장 하나를 쑤욱 물 밖으로

뽑아낸다

아 아 아 아 안녕하십니까 저 저 저는 마 마 마 말더듬이 교정 연습 중인 L이라고 합니다 남자의 푸른 잎들이 일제히 입 밖으로 쏟아져 나온다 전동차 속, 일순간 고요해진다

물고기 집

덥수룩한 고아(孤兒) 아이가 옷자락을 붙들어, 눈빛 맑은 아이가, 조막손에 새우깡 봉지를 쥐고 내밀어, 어 어 물고기 집이야, 어 우리 집이야, 봉지 속엔 아무것도 없어, 있어 있어, 희미하게 물 위로 떠오르고 있어, 동동 떠오르는 은박 봉지 속에 비춰진 저 저것, 아이의 혹은 누구의 지느러미, 그 집 문을 두드리고 있는,

똑똑 물결 지는 소리, 헤엄치는 소리, 발자국 소리, 점점 커지도록 다가오다, 망설이듯 다시 돌아가다,

되돌아와, 귀 기울이는 당신은 누구?

울음소리 밟고 지나가던 시간을 거슬러, 흐르는 물결을 거슬러, 물 소용돌이 속으로 뛰어내려, 내려가는 시간을 멈춰 세우려 하던 당신은,

열쇠를 감춰버린 당신은,

물고기 집 속에 갇힌 당신은 누구?

제2부

선(禪)으로의 초대

스즈키 순류*에게서 달이 그려진 그림 한 점 받은 순간부터 내 팔다리는 뜻대로 움직여주지 않았다 수십 년 동안 얼굴을 매만져주거나 목 단추를 채워주거나 관절을 세워 일으켜주던 일들을 그간 힘들었노라고 이젠 하지 않겠노라고 자기주장을 시작했기 때문이었다 어쩔 수 없이 머릴 싸매고 누워 끙끙 앓다가 꿈 사나운 불면에 시달리다가 자리보전을 하다가 결국 축 늘어진 몸뚱이에게 휴가를 주기로 마음을 고쳐먹었다 그러자, 난데없이 손가락 하나 곧게 일어나 둥글게 부풀어 오르는 달을 가리키는 것이 아닌가

내게도 사다리가!

---

* 스즈키 순류 : 『선으로의 초대』의 저자. 조동종 도겐(道元)의 법맥을 이은 선사이다.

발치에 대한 연역적 사고

입을 벌리자, 목구멍 속으로 얕은 내린천이 흐른다

둥근 돌처럼 솟은 잇몸 사이로 통증들이 흘러 다닌다

물속으로 엑스레이를 비추면 턱밑으로 모인 염증들이 검은 모래집을 만들고 있다

막 해가 기울 무렵 돌돌돌돌 힘 있게 감아올리는 견지낚시

천천히 그리고 단호하게 손목을 굴려 물살을 툭툭,

헤집는 바늘에 걸려 입 밖으로 튀는 잔챙이들

물의 살점이 벌어진다

구멍 깊숙이 꼬리를 감추고 악착같이 낚싯줄을 물고 늘어지는 환부의 몸통

한 치도 의심하지 마라

버티는 힘은 언제나 수동적인 것,

배를 뒤집은 어금니 하나가 반짝이는 금속 접시 위로 툭, 떨어진다

물활론에 관한 퍼포먼스

그 남자는 자신의 머릿속이 유리 돔이라고 주장했다 빛이 뇌 속으로 투과되어 들어와 광합성을 한다고 했다 그 속에서 자라는 세포들이 초록색인 이유는 우산이 자라기 때문이라고 했다 가끔 뿌리들이 머릿속에서 실뿌리를 뻗어 입 밖으로 알 수 없는 땅속 말들을 밀어낸다고도 했다 우산 씨들이 머릿속을 날아다니다가 몸을 매달고 둥둥 떠오르려 할 땐 비를 뿌려주는 것이 비책이라고 했다 그의 눈 속에서 무언가와 딱 마주쳤을 때 하마터면, 당신 눈 속에서 우산 꽃들이 피어나고 있어, 그 말이 튀어나올 뻔했다 웬일인지 그때부터 머릿속 여기저기에서 발광 안테나들이 툭툭 싹을 내밀기 시작했다

성탄 전야

크리스마스카드를 열자 딸깍, 불빛 켜지며 목소리가 흘러나왔다 눈 오는 밤, 가지런히 두 손 모으고 공손하게 귀를 대고 들었다 너의 말소리, 구멍 숭숭 뚫린 스피커를 타고 빛 가루 털어내며 당도한 너는 어린 목소리를 내는 늙은 성우처럼 취한 말들을 웅얼거린다 애니메이션처럼 살고 싶었는데, 담요를 끌어당겨 몸을 움츠릴수록 점점 더 늘어지는 고드름 말들 스피커 전선을 타고 흘러넘쳐 매달린 은종마저 얼어 뚝뚝 부러질 것 같구나

잠깐인 것이 어디 흰 눈뿐이랴
한 생은 너무 빨리 지나가고 문득 카드 불빛 속으로 뛰어든 눈송이처럼 어두운 방안에서도 빛을 밝히며 잠시, 아주 잠시 반짝이는 것일 뿐

공중전화 부스에 갇히다

오늘은 친구 K가 사는 어느 섬을 방문해보기로 한다
신호음이 울리고 저쪽에서
여보세요? 어린애 목소리인데,
아빠 좀 바꿔줄래?
아이는 갑자기 송아지 울음소리를 내달라고 한다
다음은 염소 울음소리를
그다음은 붕어 소리 뱀 소리,
벼룩 소리까지
어쩔 수 없이 가느다란 전화선 안으로
동물 소리를 하나씩 밀어 넣는다
송아지 한 마리를 엉거주춤 끌어다 넣고
날뛰던 염소를 가까스로 잡아넣는다
뒤이은 동물들에게 전화 요금 표시
붉은 숫자를 하나씩 달아주며
철컥철컥 수화기 안으로
남은 소리들을 힘겹게 밀어 넣는다
소리들이 빠져나갈 때마다
몸은 점점 더 조바심에 쪼그라들고 만다

너무 헐거워져 흘러내리려는 목소리를
겨우 수화기에 추슬러 넣으며
아빠 좀 바꿔줄래?
뚜 뚜 뚜 뚜
신호가 뚝뚝 끊기며
수화기 밖으로 밀려나고 만다
아이들이 왕이 된 섬이다

비단조개 이별법

느닷없이그의말이파도가되어쏟아져들어온다
수많은물길을돌아나가는굽은생각들
물거품이머릿속여기저기에쌓여있던기억들을쓸어낸다
해변을구르며함께쏟아내던잔물결웃음소리들
끼룩끼룩날아들던전화벨소리들
저바다깊숙한곳에서쏘아올리던야광충
붉은빛내심장에꽂히며떨리던순간들
그많던기억들이쏴아아물보라로흩어진다
어금니를꽉깨문채완전히물이빠질때까지기다리기로한다
적어도지금은어쩔수없는썰물
나의바다밑빠지는때이므로

첫사랑

한 가닥이라도 남아 있는지
수많은 가닥으로 너덜거리고 있는지
실밥 모두 삭아버렸는지

물속으로 무수히 던졌던 투망질

흐르는 물인 줄 모르고
당기도 전에 그물코를 펼쳐
간발의 물러남에도
비늘 한 조각 잡아채지 못하던

손바닥만 한 실그물 하나로
물속 전체를 붙들고 싶었던

서툴게 빛나던 그때,

그 물여울이 궁금하다

쑤시미 낚시

잘생긴 청석바위 목구멍 속을 노린다
납작 엎드린 바위 등에 올라타
낚싯바늘을 바위틈으로 찔러 넣는다
언제나 어둠 저쪽에선
이쪽을 노려보는 놈이 있는 법
꼬네*를 매단 낚싯대로
한 번 두 번 어둠을 찌른다

어둠이
꼬네
바늘을 덥석
문다

걸렸다, 보이지 않는
바위 속 전체가 낚싯줄에 매달려
팽팽히 당겨진다 좁은 목구멍에
걸려 사방으로 흔들린다
허를 찔린 바위가 피 토하듯

흙물을 어둠 밖으로 토해낸다
바위 목구멍을 따라 밀려 나오는
동자개 한 마리,
낚싯대에 매달려
눈알 껌벅거리고 있다

* 꼬네 : 꼬네기, 냇가에서 흔히 볼 수 있는 물벌레. 낚시 미끼로 쓴다.

케르겔렌 군도 2

썰물이 빠져나간 153번 역촌동 버스 종점
모래톱 의자 사이로 드문드문 쓸려온
누군가 두고 내린 해초 우산 몇 개
서로 펼쳐 보이며 흔들어대며
예일여고 여학생들이 피워대는
해당화 수다 한 다발
아직도 조잘조잘

엄마 엄마 이리 와

엄마 엄마 이리 와 요것 보세요, 고슴도치가 둥글게 몸을 웅크리고 있어요, 등 뒤로 쏟아지는 햇빛 수북이 끌어다 꼭 제 몸만큼의 둘레를 만들고 있어요, 병아리 떼 종종종 놀고 간 뒤에, 흙 위로 따뜻하게 밀착되는 햇볕 방석 폭신폭신한 작은 테두리를 위해 온몸 가시들을 들썩거리고 있어요, 해가 기우는 방향따라 고동색 엉덩이 이리저리 옮겨가며 햇빛 솜을 쉴 새 없이 밀어 넣고 있어요, 엄마 엄마 이리 와 요것 보세요, 고슴도치 앉은 자리에 새봄이 돋아나고 있어요, 오그렸던 한 뼘 우주가 봉분처럼 천천히 부풀어 오르고 있어요

수족관 속 미아보호소

수족관 속 물고기가 버둥거린다 입 밖으로 새나오는 공기 방울들 말이 되지 못하고 터져버린다

집이 어디였더라, 물속 집 주소는 지워진 지 오래 멍하니 멈춰선 아이의 물색 눈동자 속에서 지느러미가 흔들린다 아이는 물이끼가 달라붙은 통유리를 두드린다 물의 벽을 두드린다 물고기 빼끔거리는 입 모양을 따라 하며 수족관을 엿본다 물결 커튼이 잠깐 흔들렸던가 불분명한 발음들이 수족관 유리를 타고 흘러내린다 아이는 물속으로 들어가려 안간힘을 쓴다 수족관을 열기 위해 애를 쓴다 아이가 중얼거릴 때마다 공기 방울들이 끝도 없이 튀어나온다 아이의 시야를 가리는 몇몇 기억들마저 흔적도 없이 지워져버린다

서서히 줄어드는 아이의 말소리,

아무리 들여다보아도 물고기 집 주소가 보이지 않는다

풍선

대공원 매표소 앞 좌판 위
허리 구부정한 노인이
풍선 속에 바람을 불어넣고 있다
공기 주입기를 풍선 주둥이에 대고
펌프질을 할 때마다
노인의 두꺼운 손바닥 안에선
햇살 덩어리가 하나 둘
마술처럼 튀어나온다
뜨겁지 않은 햇볕 열매들
좌판 위로 이리저리 굴러 나와
과일 무더기처럼 쌓인다
꼭 제 우주만큼 부풀어 오른
열매를 하나씩 받아 쥐고
공원을 향해 달려갈 아이들
까르 까르르 날아오를
색색의 둥근 산소 주머니
노인의 늙은 손 지문을 품고
말랑말랑 익어간다

공(空)의 인상

내 뜰 앞에 자라는 박달나무 범선
층층이 푸른 돛 나뭇잎도 많아
내가 그 나무 밑동 갑판에 누워
섬, 하고 불러주면
푸른 가지마다 바람을 가득 안고
나뭇잎 돛을 펼쳐 올린다

구름을 밀고 가는 나뭇잎들
생각물살을 가르며
천천히 흘러가는 시간들
하늘 끝 구름 한 점 없는
허공 섬을 찾아 떠내려간다

밀려왔다 밀려가는 햇빛 물고기 떼
꼬리에 꼬리를 물고
반짝이며 모였다 흩어지는
찰나의 기억비늘들
끝날 것 같지 않던

그 환(幻)의 정수리에 쿵, 부딪는 순간

아, 눈부셔

내 하늘, 싹 지워지고 없다

소나무 재선충

빗방울이 투두둑 무전을 칩니다. 빗방울 속에서 한 아이가 급하게 달려 나옵니다. 소년의 두 손에는 축축한 나뭇잎이 들려 있고 벌써 두 볼에는 기쁨이 빨갛게 물들어 있습니다. 아이의 입에서 새어나오는 중환자 병동 솔잎들의 전갈, 나뭇가지마다 링거 병을 꽂은 채로 석 달 열흘, 얇아질 대로 얇아진 살갗 위로 바늘잎을 매달고 아르에이치 마이너스 혈액을 다급하게…… 하루가 다르게 야위어가는 소나무들의 여린 뿌리에 어느 스무살 여름비가 빗방울을 기증했다는 소식입니다.

빗방울이 내는 빗방울에게 보내는 소리를, 빗방울 소리로 해독 중입니다.

제3부

회향(回向)

유마 거사를 따라 치과 약속 노트 속으로 들어갔어요 내가 올린 서원은 노트 속에 채워진 칸들을 말끔히 비워내는 일, 행간 안쪽으로는 늘 환자들이 들어차 있어요 기다림이 진료실 밖으로 길게 늘어서 있어요 이제 문을 열고 순서대로 호명해요 김판결 님 들어오세요, 환자들은 노트 한 칸마다 삼십 분씩 고통스러운 치아를 보여줘요 입을 벌리고 있는 만큼 빠르게 고통들이 지워져요 신경치료 중인 빗금으로 더없이 가벼워지기도 하고 발치된 갈매기 표시로 멀리 날아가 버리기도 해요 그 모든 칸들이 비워질 때까지 내 손은 점점 더 쉴 새 없이 행과 행 사이를 넘나들어요 서서히 흰 빛으로 둥글어지는 약속 칸들 아무런 막힘없는 텅 빈 공간이 되어서야 마음자리 한 장을 찌익 뜯어내요 유마경 속에서 수행 중이에요

새들의 처방전

우울증 진단을 받은 후부터 말을 할 때마다
아기 새들이 말을 냉큼 잡아먹고
새의 말을 대신 내놓네

아기 새들 목소리 솜털 물음표가 달려 있어
무슨 소리인지 알아들을 수가 없네
쉰 소리가 되어 자꾸 새나가는 허기진 소리
알약 한 움큼 꿀꺽 삼켜 봐도
아무리 머리통을 두드려 봐도
꿈쩍도 하지 않네

아기 새들 잠든 그 밤,
정수리를 헤집고 들썩이는 머릿속을 들춰보니
터질 듯 부풀어 오른 절망벌레들이
숨골 사이로 구불구불 기어 다니네

벌레를 잡으려면
아기 새들을 키워야 한다고요?

>

새의 말을 지껄이며

기꺼이, 견뎌보기로 하네

먼지 존재론

노루발장도리를 문 틈새에 끼우고
끼이익, 문을 연다
경첩 천천히 풀어지며
문의 턱이 벌어진다
공기의 토사물이 흘러나온다
오래 앙다물고 있어 속으로 부글거리던
트림 같은 먼지들, 쏟아진다
얼마나 오랜만에 트이는 체증인가
켜켜이 쌓인 시간들을 갉아먹다
속에 든 초침 분침 내장까지 다 파먹다가
문의 턱뼈 사이로 일제히 밀려 나오는
먼지 덩어리들
온전히 제 속을 비우고
테두리 부드럽게 밀려 나오는
시간의 배설물들
그렇다,
제대로 삭는다는 건 형태를 버리는 것이 아니라
안으로부터 둥글어져야 하는 것

잘 보이지도 않는 회색 뭉치들이
벌어진 한 우주를 넘어
빙글빙글 굴러 나오고 있다

도로 연수법

아스팔트 위에 얇게 깔린 빗물 유리판
이런 날 바퀴들은 미끄러지지 않으려
제 몸을 일제히 낮춘다
속도계에 두 팔다리를 바짝 붙이고
최대한 바닥과의 거리를 좁히며 지나간다
조급한 마음을 들키지 않기 위해
살금살금 지나간다

혹시라도 이런 날 자신의 바퀴 하나를
벌떡 일으켜 세우고 싶어진다면
누구라도 그 순간 잠시 멈추어
다음에 올 소리들을 생각해볼 일이다

문득, 견고한 핸들을 꺾어버리기도 하는
유리판 속의 마찰음을

청소하는 여자

검은 방에 앉아 혼자 사는 렘브란트의 소녀, 쉴 새 없이 제 속을 빗자루로 쓸어내는 소녀, 노란 테이프로 막아놓은 들어가지 마시오, 둘러쳐진 벽 안에서 삼백 년 동안 쌓인 어둠 묵상하듯 쓸어내는 소녀, 하도 쓸어내 열여섯 살 몸 그대로 자라지 않은 소녀

반들반들해진 그녀의 시간 속에 서 있다 먼지 한 점 없는 어둠 안쪽을 더듬으려 슬며시 몸을 밀어 넣자, 빛보다 더 단단한 그녀의 검정이 발에 걸려 우당탕 뒤집어진다

반짝이는 주물 양동이 하나가 찌그러진 채 엎어져 있다

놀란 인부들이 전시 중인 그림에서 나를 떼어내는 중이다

비누여자

삼십 분 전,

그녀를 기다린다 그녀는 곧 내게로 와 두 손으로 부드럽게 나를 쓰다듬어줄 것이다

이십 분 전,

그녀는 내 오래된 반지를 끼고 이것 이것 빠지지 않아, 남은 시간을 되돌리다 되돌리다 태엽마저 아주 끊어버릴 것이다

십 분 전,

그녀는 곧 내게로 와 두 손으로 부드럽게 나를 쓰다듬어줄 것이다

오 분 전,

그녀는 거품 속으로 수챗구멍 속으로 내가 했던 지루한 약속

들을 모두 쓸어 넣을 것이다 지워줄 것이다

일 분 전,

그녀는 곧 내게로 와 나를 안고,

일 초 전,

다시는 돌아오지 않을 것이다

불청객

저 소리, 누구인가,

불결한 구더기처럼 꾸물꾸물 기어드는 발소리, 형체 없이 뭉뚱그려진 소리가 귓속으로 밀려드는 동안 두 눈 꽉 감고 어금니를 질끈 깨문다 잘 말린 햇빛을 뭉쳐 고요한 블록을 쌓아 올리는 중이었는데, 점점 커지는 발소리에 밀려난 생각들이 놀라 뇌의 가장자리에 달라붙는

저 가늠할 수 없는 보폭은 누구의 것인가,

일정한 간격을 두고 머리통을 두드리며 다가오는 둔탁한 소리, 끄덕일 줄만 아는 머리통에게 죄를 묻기 위해 다가오는가 저 소리, 사방으로 흩어진 생각들이 한 발짝씩 거리가 좁혀질수록 뒤섞인다 저 날 없는 칼, 소리를 막아내려면 눈을 떠야 한다 눈을

저 소리, 몇 무릎이나 빌어야 눈이 떠질까,

뒤죽박죽된 생각의 블록들이 터질 듯 뇌 속에 차오르다 한순간, 망설임도 없이 바닥으로 쿵 떨어진다 가차 없이 가해진 정적에 대한 단죄, 분리된 목에서 생각들이 뭉개져 흐르는

잘린 머리, 바닥에 짜부라진 채 으으으.

철학동화

잠이 파도처럼 출렁인다

푹신한 매트리스를 타고 떠나는 시간,

심해 은하수를 찾아 떠나는 여행,

지도 더듬듯 별자리를 찾아 길을 이어 나간다

잠의 해저로 내려가 야광충 되어 헤엄친다

심해별과 마주친다

누구라도 잠시 그 소리, 가만히 들어보라

별 하나 제 입속에 넣고 만족스레 입맛 다시는,

놀라운 잠의 항해

주점, 노인과 바다

그러니까, 불 꺼진 산티아고 만(灣), 계단, 문을 열자, 갑자기 한꺼번에 밀려드는 폭풍이라니, 그만, 휘청, 좌표를 잃고 계단 밖으로 나동그라지는, 순간, 피 냄새, 상어처럼 송곳니를 세운 불빛들, 일제히 내 얼굴 위로, 달려드는, 살점을 파고드는 빛, 사정없이, 내 눈을 파먹는 빛, 나의 내부(內部)가, 송두리째 뜯겨나갈 때까지, 눈, 크게 뜨면 뜰수록, 더 날카로워지는 빛, 파편들, 사방으로 흩어지는, 한 생 남김없이 쓸어 넣는 거대한, 어둠의 입구, 언제나 마주치지 않으려 피해 다녔던, 막막한 빛의 바다, 꼼짝없이 갇혀, 손을 내미는, 외부(外部)의 흰 손, 보이지 않는 노, 마지막 남은 숨통 내려놓듯 천천히, 오래된 신음처럼, 서서히 가라앉는 어둠 속, 누군가 깊이 들이쉬는 붉은 담뱃불, 방금 켠 등대처럼, 잡힐 듯 깜박깜박,

스테인드글라스에 비친 저녁

햇빛이 지지 않으려는
이 순간,

비밀스럽게 속으로 흐르는
분홍 보라 검정의 말을
모두 알아들어야 한다

담벼락 아래 고개 숙인 흰 백합과
고해소 앞에 놓인 낡은 구두와
두 손 모으고 건너온 그 많은 저녁 강, 거기
스민

서로의 색이 되었다가
다른 색이 되었다가
반짝이며,
본 적 없는 무늬를 만드는

캄캄한 어둠 속으로 스며드는

모든 저녁의 말

햇빛이 지지 않으려는
이 순간,
그대는 꼭 공손해야만 한다

뙤약볕

햇빛총알이 날아간다
유리에 부딪히며 튕겨 나오는 빛의 파편들
총알 속 스펙트럼을 순간적으로 펼쳤다 닫는다
그 눈 깜짝할 찰나에,
잠깐 동안 열렸던 빛 주름 사이를 빠져나와
다시는 귀환하지 못한 햇빛 전사자 몇,
도로변 갈라진 틈새로 스며들어
단단한 씨앗이 된다

다음 생은 망초 꽃이다

앉은뱅이 의자

길을 잃었는데,
다리가 삐걱거린다
무릎 위로 튀어나온 못
괜찮아 괜찮아
망치로 내려친다
길을 잃을 때마다 쌓이는
망치 소리
너무 멀리 떠나왔는지.
이젠 그 소리 너무 무거워
그만 뚝, 부러진다
아무 소리도 들리지 않는다
남은 두 무릎으로
넘어지며 기어가며
망치를 내려친다 길을 낸다
괜찮아 괜찮아

속으로만 이어 굴리는
망치길이다

낯선 영화와의 조우

난니 모레띠*의 노란 스쿠터에 열쇠를 꽂고
오른쪽으로 천천히 돌린다
열쇠 구멍 속에서 소리가 쏟아진다
소리는 보도블록 위에서 유리구슬처럼 튕기며
순간적으로 길을 한번 들었다 내려놓는다
그 짧은 틈새로 들어차는 바닷속
이름 모를 섬에 갇힌다
손바닥을 뻗어 단단한 섬의 입구를 더듬는다
낡은 보도블록의 뒷면이 만져진다
심해 연체동물 같은 이탈리아어가 구불텅구불텅
소리를 따라 기어 다닌다
길이 들려졌을 때 함께 스며든 이미지들이
블록과 블록 사이에 끼인 채
생각의 완고한 경계를 흔들어댄다
미세한 균열이 춤을 추듯 섬 전체로 퍼져 나간다
방사상의 울림이 소용돌이치며
굳어 있던 무표정을 완전히 누그러뜨린다
열쇠를 오른쪽으로 힘껏 돌린다

레디, 액션!

소리의 파도가 밀려와 철썩!

한순간에 불통의 섬을 휩쓸고 지나간다.

＊난니 모레띠 : 이탈리아의 영화감독으로서 〈나의 즐거운 일기〉 〈아들의 방〉 등의 영화를 만들었다 〈아들의 방〉으로 칸영화제 황금종려상을 받았다.

어느 가방의 죽음

늙은 도편수가 눈 위에 연장 가방을 내려놓는다 끝도 없이 갈라지는 두 갈림길, 더 이상 메고 갈 수가 없다 축 늘어진 가방은 어깨 줄을 사지처럼 늘어뜨리고 길바닥에 그대로 누워버린다 한 뼘 벌어진 옆구리로 가루 눈발들 몰려든다 끝내 대목장이 되지 못한 그가 가방 입구를 손아귀에 쥐고 속이 다 쏟아진 상처 꿰매어 주듯 지퍼를 조심조심 여며준다 평생을 끌고 다녀 말 못하는 새끼보다 더 애처로운, 한낱 가방이었을 뿐인 가방을 쓰다듬으며 중얼거린다

남은 온기라도 마음껏 가져가라, 단 한 번도 온기를 바라지 않았으니,

꼭 제 테두리만큼 눈을 녹이며,

아주 특별했던 목수의 생이 흰 눈 속에 묻힌다 보르헤스 쌍갈랫길 정원 안에 소리 없이 묻힌다

제4부

달은 가장 오래된 텔레비전*

그의 텔레비전을 누르면 달이 뜬다 전시장 안으로 달이 굴러 떨어진다 사각의 브라운관 속에 스티커처럼 붙어 있던 두 마리 옥토끼 달의 푸른 둘레를 짚고 일어나 화면 밖으로 튀어나온다 노랗게 익은 달은 맛도 좋지, 말랑말랑 고무 달은 튕기기도 좋지, 아이들 달을 굴리며 저마다의 상징을 가지고 노는 동안 달 속에 서 있던 계수나무 한 나무 슬쩍 가지를 내밀어 아이들 머리 위에 달빛 수신기 하나씩 씌워준다

늦은 밤 혼자 깨어 있을 때, 창을 열고 달을 향해 버튼을 눌러보라 먼 우주에 주파수를 맞추면 빛 쏟아지는 달 속으로 둥실둥실 떠오르리라

---

*비디오 아티스트 백남준(1932~2005)의 1965년 작품 제목이다.

까뮈 병실 302호

자폐 치료를 받는 아이가 나무 아래 앉아 있다 시간이 멈춰 있다 나뭇잎이 흔들린다 아이는 지금 월계수 나무 꼭대기로 올라가는 중이다

허공을 향해 투명한 팔다리를 뻗는다 햇볕을 잡아당긴다 아이의 손톱에 걸려 털실 풀어지듯 쏟아져 들어오는 금빛 실타래 나뭇잎 사이로 햇빛이 엉킨다

아이는 미동도 없이 돌돌 말린 햇빛 실 사이로 고양이처럼 몸을 데굴데굴 굴린다 빛을 제 몸에 칭칭 감는다 아기 머리통만 한 털실 고치가 된다

따뜻한 태반 부드러운 햇빛 양수 아이는 고치 속에 엎드려 자신의 숨소리에 귀를 세운다

가르릉 가르릉 흔들리는 월계수 나무,

한 아이가 병원 나무 아래 고요히 앉아 있다

페르소나 2

당신, 잘 지내나요 어둠을 잃고 나는 이제 스스로 빛나는 법을 영영 잊어버렸습니다 깜깜한 벌판 위에 서서 한 장의 환한 종이 틈으로 우리가 마주 보던 날 느닷없이 쏟아지던 유성 때문이었노라고 나와 같은 이유로 돌아선 것이었다고 이제 그 모든 것들이 흐릿한 문장 속으로 스며들어 흩어졌지만 우리는 처음부터 앞면과 뒷면으로 등을 맞대고 다른 방향으로 걸어갔던 것입니다 또 다른 나였던 당신, 정말 잘 지내나요 당신이 내게 보여주었던 별 하나를 기억한다면 짙은 밤을 떼어 우표로 꼭꼭 붙여 내게 보내주십시오 나 여기 오늘도 스스로 반짝이는 법을 영영 잊어버렸으니

페르소나 3

당신, 뒷면이 궁금합니다
뒷면을 보기 위해 당신 둘레를 끼고 돕니다
내가 앞면이었을 때 뒷면이었던

당신, 달아납니다
내가 좁혀놓은 거리만큼 저만큼 멀어집니다
내가 앞면이었을 때 뒷면이었던

두 팔을 뻗어

당신, 붙듭니다 재빨리 안습니다
보이지 않는 뒷면에서
무언가 무수히 손바닥 안쪽에 와 닿습니다

그을음 같기도 하고
눈물 같기도 한

내가 감췄다고 믿었던 칼날들

거기 그대로 있었습니다
내가 앞면이었을 때 뒷면이었던

오, 저기

어린 소나무 세 그루
눈 속에 서 있다
가느다란 사지로도
흙벽에 쉽게 박힌 못처럼
발등 푸욱 묻고 있다
온 겨우내 끝도 없이 눈이 내려
숫제 제 키만큼 눈이 덮이자
요것 봐라,
누가 먼저랄 것도 없이
눈 비집고 고개 내민다
서로 장난치듯
맨 윗가지 삐죽,
바늘 혀 내밀고 있다

다람쥐들은 또 어디로 갔을까

우지직 구겨지는 상자처럼 먹구름이 몰려온다 공원 가장자리에 엎드린 회양목 낮은 지붕들 꼼꼼히 닫힌다 정지된 고요 속, 깊은 골을 가르며 곧 시황 철갑부대의 첫 개전 번개가 날아들 터

화살 비 쏟아지기 직전,

무방비하게 벤치에 앉아 공원의 동그란 다람쥐 집을 생각한다

죽는다고 소리 지르다 울다 구르다 아비규환 속에서도 벌떡 일어나 생경하게 눈을 깜박이던 다람쥐들 그때마다 한 뼘씩 다시 열리던 세상 이상한 세상

마지막 귀퉁이마저 말아 넣은 다람쥐 집 우주 전체가 이제 막 머리 위로 세차게 굴러 들어오고 있다

즐거운 점심

오늘은 파도를 척척 뜯어다
맛있게 싸먹고 싶다
배춧잎 속고갱이 파도
어느 바다 한 귀퉁이를
그대로 떠내 와
속으로 출렁이게 하고 싶다
파도 한 겹에
더위 먹은 생각 하나씩 얹어
몸도 씻어내고 마음도 씻어내고

파도가 출렁일 때마다
시원한 바닷바람 새어나와
누구라도 함께 잇속 드러내며
소라 같은 얼굴로 마주할 수 있다면
늦은 점심쯤이야 어떠리

오늘은 남해식당 평상에 앉아
파도 꽉꽉 눌러 담은 바다 되어

아무런 생각 없는 무인도까지
한번 가보고 싶다

이상한 상자

오랫동안 닫아두었던
바느질함이 열렸다
사개 물려놓은 한쪽 귀
밤새 삐걱거리더니
닫혀 있던 뚜껑 슬쩍 열렸다
들썩이던 바람 감추려
꾹꾹 눌러 박음질해둔
붉은 솔기들이 보인다
피멍 들도록 짓누를 때마다
속으로 속으로 쌓여
촘촘히 박힌 무늬들
그 붉은 날들 깊이 넣어두고
오랫동안 닫아두었던 밤들
어쩌자고 그대로 잠그려 했던가
나를 비집고 나온 솔기들이
저리도 발갛고 생생한데,
아직 그대로 있는 상처
이제는 열어두리라

백목련

코튼 마크 순면 100% 명도의 흰 구름
겨울 끝에 노루 꼬리처럼 매달려
둥둥 어디론가 빠르게 흘러간다
가을 겨울 하루 이틀 거슬러
다시 일 분 일 초 그리고 찰나까지
봄이 씨눈으로 잉태되기 직전의 자궁 속
파아란 하늘 속으로 슬몃 흘러들어가
아직 태어나지 않은 풍경 위에
햇빛 금줄 걸어놓고
애기 솜 톡톡하게 누벼 넣은
배냇저고리 한 점 두 점
꽃보다 먼저 나온 흰 구름이
나무에 툭툭 매달려

새들의 여인숙

우물 속으로 가라앉은
밤하늘 거기,
길 잃은 새들을 위한
쓸쓸한 방이 있다
카바이드 불빛처럼
흔들리는 반딧불 등과
가끔 지나온 추억을 틀어주는
흐린 달빛 TV와
아직 갈 길이 먼 새들의
시린 발밑으로
따뜻한 별 몇 개를 덤으로
넣어주기도 하는,

새벽 우물 속을 들여다보면
방금 떠난 새들 흔적
깃털 동전
하나 둘
물 위에 떨어져 있다

가을

이상하다, 가을이 아닌데

텅 빈 소리 들린다

배 홀쭉한 풀벌레 소리

풀기 없는 공기

누군가 소리를 썰고 있다

누가 들어도 허기지도록

가늘게 가늘게

사각사각

들어봐,
가위질 소리
나를 잘라내는 소리
초록 실핏줄 터지는 소리
사각사각 위로 아래로 몰려다니는 소리
앞니 부딪는 소리
나를 먹어치우는 소리
꾹꾹 누르면 누를수록 점점 더 늘어나는
간지러운 이빨 소리 아아,
그 많은 소리들 머리 꼭대기까지 밀려 올라와
내 팔다리 함께 쑥쑥 늘어나는 소리
잭의 콩나무처럼 가늘고 가늘어져
그만,
내 허리 휘청하는 소리

내 나무가 쓰러진다
막혔던 구멍이 터진다
수천 잎사귀 열리며 대책 없이

소리가 쏟아진다

깔깔깔깔

소나기

언덕 위에,

계집아이 하나 서 있다

파아란 하늘을 등지고 있다

가느다란 다리 사이로 창을 내고 있다

치맛자락이 여름 커튼처럼 흔들린다

천천히 창문 안으로 흐르는 구름

치마 속이 부풀어 오른다

간지러운 듯

두 무릎 살짝 오므려진다

문득,

언덕 아래가 어둡다

고양이가 구르는 이유는

줄무늬 고양이 한 마리가 내 살구나무 오른쪽 무릎 위로 기어올라 와 앞발을 동그랗게 오므린 채로 매달린다 그 무게로 오른쪽 관절 마디가 팽팽한 활등 구부러지듯 휘청 흔들리며 한쪽으로 기운다 휘어진 나무 허리 등걸을 비스듬히 기울여 가지 끝 발가락으로 고양이 줄무늬 등을 쿡쿡 찔러본다 고양이는 잠깐 간지러운 듯 몸을 비트는가 싶더니 이번엔 몸을 더욱 둥글게 말고 무릎 아래쪽 가지 모두 부러지도록 힘껏 매달린다 원하는 것이 튀어나올 때까지 몸을 아주 데굴데굴 굴린다

어떻게 알았을까, 더 이상 저 애원을 외면할 도리가 없다

오른쪽 잎사귀 틈 깊숙한 늑골 안주머니 속에 숨겨 두었던 붉은 살구 사리 하나를 꺼내 건너편 울타리 그늘 쪽으로 툭 떨어뜨린다

고양이 쏜살같이 그늘 속으로 뛰어든다

해설

까뮈의 투쟁기

강경희(문학평론가)

1. 병든 페르소나

시인이 창조한 '페르소나(persona)'는 극적 개성을 갖는 가면의 얼굴이다. 상상이 직조한 페르소나는 진실을 감추기 위한 것이 아니라, 은폐된 진실을 더 명확히 보여준다. 가면이 민낯보다 더 진실할 수 있다는 가정은 상징으로 똘똘 뭉친 가면의 표정과 인상이 내적 형상을 투영하기 때문이다. 서정의 발화 지점에 시인이 페르소나를 등장시키는 것은 내적 총체성의 반영을 의미한다. 나는 누구이며, 무엇을 생각하며, 어떤 것을 추구하는가? 존재의 존재성을 대리하는 페르소나는 그 자체로 존재 증명의 방식이 된다.

정지영의 페르소나는 표제작인 「중환자실의 까뮈」로 대변된다. '환자'라는 말이 의미하듯 그의 페르소나는 병든 존재이다. 정상적이고 일상적인 삶 밖으로 밀려난 환자들, 그들은 자의든 타의든 소외와 격리를 경험한다. 상상의 세계로의 침잠, 스스로를 유배시키는 자폐의 상상력, 언어 소통을 차단당한 소리의 몸짓들은 모두 정진영이 만들어놓은 페르소나의 형상들이다. 그들은 각기 다른 존재이지만 '혼자'라는 공통의 상황에 놓인다. '혼자인', '혼자일 수밖에 없는' 존재들은 외롭고 고독하다. 고독의 심연에서 외로운 진통을 앓는 '환자'는 시인의 내적 얼굴이자 현대인의 초상이기도 하다.

책을 읽어주다가
환자의 호흡을 더듬어본다
들이마시고 내쉬어진 글씨들이
병실 공기를 채우고 있다
잠깐 멈춰진 그의 무호흡이
페이지를 와르르 넘긴다
그가 접어둔 곳, 알제……
그는 반으로 접힌 자리를
이제는 펼쳐놓고 싶어 한다
페스트가 휩쓸고 지나간
장례미사 문장이 쓰여 있는 곳
그는 끝까지 쉬지 않고 넘겨져

그곳에서 완전히 평온해진
쉼표를 찍고 싶어 한다

—「중환자실의 까뮈」 부분

'까뮈'로 비유된 "그"는 중환자실의 "환자"이다. '그'의 "호흡"은 책 읽기로 비유된다. "들이마시고 내쉬어진 글씨들이/병실 공기를 채우고 있다"는 말이 함축하듯 「이방인」은 그의 의식이 추구하는 코드로 읽힌다. 하지만 그는 지금 병실에 누워 있다. 그의 "무호흡"이 암시하듯 '죽음'을 목전에 두고 있다. 죽음이 임박한 그의 의식의 지향점에 아마도 '알제리'가 있을 것이다. 부조리로 가득한 세상으로부터 실존의 고뇌를 경험했던 '뫼르소'의 출구는 무엇일까? 위안 없는 세계에서 일상의 반격을 통해 스스로 추방자가 된 '뫼르소'의 선택은 고통스러운 주체의 비극적 자유를 시사한다. "반으로 접힌 자리를/이제는 펼쳐놓고 싶어 한다"는 것은 곧 삶이 아닌 죽음을 선택하고자 하는 환자의 의식을 대변한다. 죽음은 지독한 "페스트"의 고통이 사라진 "쉼표"이자, "완전히 평온"한 상태로의 진입이다. '호흡'과 '무호흡'을 오가는 생사의 갈림길인 환자의 병동엔 꿈(의식의 지향)과 현실(병든 육체)이 공존한다. 정진영은 이러한 극단적 상황 속에 자신의 페르소나를 이입한다. 무호흡의 현실이란 결국 세계와 소통할 수 없는 자아의 절박한 심리를 표상한다.

엉켜 단단해진 소리가 응급실 벽을 향해 날아간다 한 번은 밖을 향해 한 번은 안을 향해 네트처럼 펼쳐진 침상 칸막이를 스치며 소리가 굴러 떨어진다 놀란 의료진들이 그의 입을 틀어막으려 달려든다 굴러 나온 소리들이 흔들리는 침대에 부딪혀 튀어 오른다

—「까뮈 병실 301호」 부분

"그"가 뱉을 수 있는 유일한 소리는 '개 짖는 소리'이다. "엉켜 단단해진 소리"는 위험한 소리이다. 의료진에게는 결코 허용될 수 없는 소리이다. 소리들은 날아가고 떨어지고 부딪히고 튀어 오른다. 소리의 절규다. 뱉으려는 자의 처절한 항거와 막으려는 자의 거친 몸부림이 병실을 뒤흔든다. 그 어디서도 치료의 따뜻함은 묻어나지 않는다. 이처럼 '까뮈의 병실'은 가혹한 공간이다. "네트처럼 펼쳐진" "응급실"의 "침상 칸막이"는 "안"과 "밖"을 가르는 차단막이다. 소통의 소리를 잃은 환자는 그 어디에도 안주하지 못한다. 병든 존재에게 제압과 침묵만이 강요된다. 침묵의 세계만이 허용된 잔혹한 병실에서 "환자"는 과연 무엇을 할 수 있을까? 「까뮈 병실 302호」는 '병자 까뮈'가 도달한 마지막 지점을 상징적으로 제시한다.

자폐치료를 받는 아이가 나무 아래 앉아 있다 시간이 멈춰 있다 나뭇잎이 흔들린다 아이는 지금 월계수 나무 꼭대

기로 올라가는 중이다

허공을 향해 투명한 팔다리를 뻗는다 햇볕을 잡아당긴다
아이의 손톱에 걸려 털실 풀어지듯 쏟아져 들어오는 금빛 실
타래 나뭇잎 사이로 햇빛이 엉킨다

—「까뮈 병실 302호」 부분

"자폐 치료를 받는" "아이"의 상황은 일견 아름답게 보인다. 흔들리는 "나뭇잎", "월계수 나무 꼭대기", "햇볕", "금빛 실타래"라는 표현처럼 아이는 자연과 더불어 즐거운 상상의 세계로 잠입한다. 하지만 그곳은 "시간이 멈춰 있"는 '정지'된 세계일 뿐이다. 외부 세계와의 완전한 단절이자 상상만이 허락된 감금의 세계이다. "허공"을 향해 "투명한 팔다리를 뻗는" 자폐아의 모습은 아름답지만 비극적이다. 철저한 외로움, 고요한 침묵, 자신만이 건설한 상상의 세계에 "아이"는 혼자 거주한다. '정상과 비정상', '일상과 비일상', '환자와 의료진'으로 나뉜 그곳은 '안'과 '밖'이 명확히 구분된 이중의 세계이다. 경계를 허용하지 않고, 일탈을 수용하지 않는 잔혹한 이중성을 시인은 응시한다.

정진영이 그려놓은 "환자"들은 세계와의 소통을 거부당한 자들이다. 책으로만 호흡하는 까뮈, 언어를 잃은 소리의 아우성, 정지된 세계에서 상상의 놀이에만 몰두하는 자폐아에 이르기까지 그들은 모두 외부와 결합하지 못한다. 외부 세계를 향한 시

도는 모두 실패로 돌아간다.

이렇듯 비극적 페르소나의 설정은 시인이 인식하는 인간상을 은유한다. 외롭고 병든 존재들에게서 우리는 고독하고 황폐한 인간의 초상을 발견한다. 그들이 연민과 동정의 대상으로 읽히기보다는, 오히려 공감의 정서를 불러일으키는 것은 "그"로 대변된 "환자"들이 실상은 우리 자신의 모습일 수도 있다는 섬뜩한 체감을 전달하기 때문이다. 세계의 규칙과 질서 밖으로 밀려나는 순간 인간 모두는 "환자"로 취급된다. 타자와의 소통을 위한 시도는 모두 위험한 것이자 금기가 된다. 원초적 소리로 몸부림치고, 자폐의 감옥에 빠지고, 결국 죽음과 다름없는 무호흡증의 세계를 갈망하는 환자는 육체와 정신의 자유를 포박당한 현대인들의 내면이기도 하다.

2. '결박의 자아'와 '말의 생성'

정진영 시의 근간에는 고독이 깔려 있다. 그의 고독은 형이상학의 포즈로 존재를 포장하지 않는다. 즉 관념과 추상으로 육박하기보다는 인간의 냄새를 더 진하게 풍긴다. 그 고독의 밑바탕에는 '지금 여기'를 벗어날 수 없다는 절박한 결박의 고통이 내재되어 있다. 이러한 자기 구속과 결박의 심리는 '갇힌 물'의 이미지를 통해 확인된다.

그런데 아이러니하게도 정진영의 갇힘은 자기 의지의 적극성을 갖는다. 즉 소통의 단절을 극복하기 위해 외부를 지향하기보다는 오히려 자기 내부로의 탐색을 시도한다. 까뮈의 독서, 자폐아의 상상놀이 또한 자아의 내면으로의 침잠이라는 점에서 그의 격리는 수동적 의식의 산물이 아님을 확인할 수 있다. 그렇다면 시인은 왜 스스로 적극적 격리를 감행하는가? 침잠의 바닥에서 그는 무엇을 보려는 것일까?

진저리나는 물속

너는 내 혀를 뽑아내고도
물회오리로 빙글거리지
얼굴 없는 뒷면에 나를 가두고도
아니야 아니야
천연덕스럽게 출렁거리지

입이 없어지고 있잖아
말은 어떻게 하라고

두 손으로 얼굴을 쥐어뜯네
물 묻은 단어들이 뭉개지며
내 얼굴을 지우네

숨 막히는 물속

한 음절씩 그대로 돌려주지
변함없이 내 말을
잠깐 일렁였을 뿐 너는,

너는 물속 같지

—「페르소나」 전문

"너"는 "내 혀를 뽑"고 "얼굴 없는 뒷면에 나를 가두고" "천연덕스럽게 출렁"거린다. "너"는 "나"의 육체를 훼손하고 감금하고 괴롭히는 존재이다. "너"로 인해 "입이 없어지고" "얼굴을 지우"고 "숨"이 막힌다. 너는 "나"의 고통의 주체이다. "질식"할 것 같은 생의 위협이 절정에 이르는 순간 너는 "잠깐 일렁였을 뿐", "물속 같"이 캄캄한 현실만을 나에게 보여준다. "너"는 가혹하다. 잔인하고 냉정하다. "너"가 주는 것들이란 나에겐 온통 시련일 뿐이다. 이처럼 너에 의해 철저하게 유린당하는 마조히즘(Masochism)의 상상력은 가학과 피학의 상황을 연상하게 한다.

하지만 문맥적 차원에서 볼 때 나의 이러한 당함은 의도된 자기 의지의 산물임을 알 수 있다. 그 단서로 제시된 것이 바로 "입", "말", "한 음절"이라는 용어이다. 창작의 과정을 풍유하고 있는 「페르소나」는 언어와의 사투를 벌이는 나의 자의식을 그대로 전언한다. 진통 없이 포획될 수 없는 말(너)들은 창작의 고통을 의미한다. "잠깐 일렁였을 뿐" 나에게 온전히 전이되지 못하는 미끄러지는 말들로 인해 "나"는 질식의 아픔을 느낀다. 하지만 시인의 언어란 고통의 산물일 수밖에 없다. 언어로 존재를 입증해야 하는 것이 시인의 책무이다. 따라서 언어는 시인에게 자기 증명의 최후 보루일 수밖에 없다.

정진영의 예술적 사유는 굳어진 말의 조각들을 맞추는 것이 아니라 떠도는 말을 포획하는 방식이다. 그것은 안주의 철학이 아니라 유영의 몸짓에 가깝다. 익숙한 장면의 재현, 관조적 시선을 지닌 명상의 기교, 보편적 감각에 그는 의존하지 않는다. 이러한 태도로 일관하는 것은 친숙하고 세련된 기교의 언어를 구축하려는 욕망보다 살아 움직이는 생성의 언어를 포착하려는 사유가 지배적이기 때문이다.

수족관 속 물고기가 버둥거린다 입 밖으로 새나오는 공기방울들 말이 되지 못하고 터져버린다

집이 어디였더라, 물속 집 주소는 지워진 지 오래 멍하니 멈춰선 아이의 물색 눈동자 속에서 지느러미가 흔들린다 아이는 물이끼가 달라붙은 통유리를 두드린다

—「수족관 속 미아보호소」 부분

"입 밖으로 새나오는 공기방울들"은 "말이 되지 못하고" 그대로 "터져버린다". 사라지는 말들은 기포가 되어 떠돈다. "아이"(시인)는 언어의 집을 잃어버린 채 물속을 유영한다. "수족관 속 물고기"의 "버둥거"림은 결국 존재의 집을 찾지 못하고 떠도는 유랑자들을 의미한다. 생생하게 살아 있는 말의 날뜀이 아니라, "물이끼"만이 가득한 죽어가는 수족관 속에는 부패된 말들을 대변하고 있는 "아이"는 말의 무덤 속에서 말의 생명을 찾는 행위를 비유한다.

말의 고통은 곧 몸과 정신의 상처이다. 환자 까뮈의 고통은 상처받은 영혼을 구원의 언어로 치유하려는 실존의 사투이기도 하다. 좌절과 실패, 갇힘과 결박으로 구원의 언어를 탈환하려는 괴로운 시간과의 투쟁을 시인은 거부하지 않는다. 왜냐하면 그 끝에 세포처럼 자라나는 생성의 말들이 존재하기 때문이다. 말의 거죽이 아닌, 말의 씨앗에 집중하려는 시인의 의식이 정진영 시의 독자성을 확보한다. 그가 지향하는 개성의 문법이 대상의 보편적 진실을 전달하기보다는 자기 고행과 수행의 과정에 몰두해 있는 것도 이러한 시인의 생각을 반영한다.

그 남자는 자신의 머릿속이 유리 돔이라고 주장했다 빛이
뇌 속으로 투과되어 들어와 광합성을 한다고 했다 그 속에
서 자라는 세포들이 초록색인 이유는 우산이 자라기 때문이
라고 했다 가끔 뿌리들이 머릿속에서 실뿌리를 뻗어 입 밖으

로 알 수 없는 땅속 말들을 밀어낸다고도 했다

—「물활론에 관한 퍼포먼스」 부분

수족관의 이미지는 「물활론에 관한 퍼포먼스」에서는 "유리 돔"으로 변형된다. "유리 돔"은 수족관과 마찬가지로 외부와 차단되어 있다. 하지만 "빛이" "투과되어" "광합성"을 할 수 있는 곳이기도 하다. '이끼 낀 수족관'과는 달리 투명한 세계이다. "그 속에서" "세포들이" 자라난다. 그곳은 온통 "초록색"의 공간이다. 생성의 언어가 발생하는 곳이 바로 "유리 돔"인 것이다. "땅속 말들"은 굳어진 말들, 즉 죽은 말들을 의미하지만 "실뿌리를 뻗어 입 밖으로" 나온 "세포들"은 창조의 말들이다 "우산"은 존재를 보호하고 떠받치는 자기 보호의 말들이다. 사어(死語)를 "밀어"내는 생성의 언어, 그 '말의 씨'를 "그 남자"는 '광합성의 언어'라 지칭한다.

고통을 동반하지 않는 삶이란 존재하지 않는다. 존재의 숙명인 고통, 그 고통을 강요하는 잔혹한 현실, 그 안에 거주할 수밖에 없는 인간의 운명, 그 운명을 돌파할 수 있는 유일한 돌파구가 정진영에게는 언어이다. 때문에 시인의 말들은 앓고 힘겹고 절박하게 운다. 때로는 "검은 연못 속에서 말의 씨앗"(「지하철 1호선에서의 웅변」)이 자라고, 때로는 "후회와 애착들의 지리멸렬한 알갱이들"(「정사(情死)」)이 부유하는 말의 시체들과 만나야 하는 시간을 그는 시 쓰기의 과정으로 제시한다. "쏜살같이 생각이 나무줄기를 타고 올라”가기도 하지만 이내 “흰 뱀처럼 구불구불 바라나시 모래언덕까지 날아”(「두고 나온 집」)가는 공허한 말의 시소에서 그는 희망과 좌절을 동시에 경험한다.

타자와의 소통 지향성을 버리고, 자기 몰입의 성격을 강하게 드리우고 있는 정진영의 시는 존재의 내적 성찰 쪽에 시의 무게를 둔다. 이러한 현상은 그가 ‘관찰’의 대상을 자기화하려는 주관의 화법을 사용한다는 점에서 잘 드러난다.

3. ‘기호의 세계’에서 ‘열린 물의 세계’로

서정시의 동화(同化)란 세계를 내부로 끌어들이는 방법이다. 내적 인격화를 통한 세계의 자아화는 시적 화자의 욕망과 감정을 세계와 동일한 것으로 만들려는 의식을 반영한다. 이때 세계는 철저히 주관적 의식에 의해 재단되고 해석된다. 즉 관찰한 대상을 객관적으로 반영하려는 의식보다는 자신의 감성과 정서로 재조직하려는 주관성의 경향을 확보한다.

정진영의 많은 시편들에 등장하는 대상(인물)들은 많은 부분 타자로 시작해서 자아의 모습으로 귀착되는 현상을 보인다. 대상에 대한 해석의 주관성은 그만큼 정진영에게 있어 ‘주체’와 ‘자아’의 문제가 더 중요한 사안으로 인식되기 때문이다. 이는 한편으로는 강렬한 주관의 서정을 강화시키는 데 일조하지만 다른 한편으로는 보편의 정서를 불러일으키지 못한다는 문제점을

낳기도 한다. 그러나 개성의 강조가 정서의 차별성을 부여한다는 점에서 그의 시는 특별하다. 이 독특함이 성공적으로 형상화될 때 그의 말들은 긴장과 공감을 획득한다.

> 달이 숫자 모양으로 떠오르는 시간, 경리과 K 과장은 버스 차창에 비친 자신의 몰골을 무심히 본다 어둠 속에 고여 있던 눈알이 희미하게 유리 위로 튀어나온다 눈동자 속으로 빌딩 창문들이 금전출납부 잔고란 넘겨지듯 휙휙 지나간다 종일 자신이 들여다보던 아라비아 숫자들 123456789 눈알 속으로 파고들 듯 일제히 각을 뒤튼다 완전한 수로 끝나지 못해 버석거리는 숫자들, 그의 후줄근한 오늘 뒤에 달라붙어 떨어지지 않는다
>
> —「피타고라스의 달」 부분

"경리과 K 과장"의 눈에는 세상의 모든 것이 "숫자"로 보인다. "달이 숫자 모양으로 떠오르"며, "빌딩 창문들이 금전출납부의 잔고란"으로 비치듯 온통 "아라비아 숫자들"이 꿈틀거린다. 숫자들은 "K 과장"의 "눈알 속"을 "파고들 듯 일제히 각을 뒤튼다". 숫자는 나열되고 시야에 끊임없이 각인되지만 끝내 숫자들은 "완전한 수로 끝나지 못"하고 "버석거"린다. 존재와 합치하지 못한 채 존재를 괴롭히는 숫자의 행렬 안에 "K 과장"의 삶이 있는 것이다. 그의 "오늘"은 "후줄근한" 것이며, "달라붙어 떨

어지지 않는"다.

대상과 주체의 버성김을 시인은 주목한다. 도시의 포로가 된 사무원의 일상을 '숫자'로 대입한 정진영의 상상력은 현대인에게 가해지는 냉정한 세계의 면목을 상징적으로 보여준다. 그는 숫자 밖으로 나갈 수 없다. 숫자는 그의 세계를 장악했다. 기호의 세계 안에 갇힌 자의 운명은 파편화된 일상의 단면을 그대로 노출한다. "물속으로 엑스레이를 비추면 턱밑으로 모인 염증들이 검은 모래집을 만들고 있다"(「발치에 대한 연역적 사고」)는 말처럼 물속의 세계는 더 이상 순수하지도 깨끗하지도 않다. 오염이 가득한 어두운 세계, 염증으로 범벅된 현실은 "붉은 숫자를 하나씩 달아주며/철컥철컥 수화기 안으로"(「공중전화 부스에 갇히다」) 갇힌 존재들의 무기력함을 대변한다. 불안과 좌절, 현실 안에 안착할 수도 밖으로 나갈 수도 없는 기호의 감옥에 갇힐 때 존재는 신음하게 되는 것이다.

무의식까지 점령한 산란의 기호들과 마주할 때, 염증으로 가득한 물의 감옥에 갇힐 때, 소통이 없는 부스 안의 고립이 심화될 때, 시인은 의식적으로 그곳으로부터의 탈출을 상상한다. 갇힘의 바닥에서 건져 올린 말들의 편린 안에는 기억과 추억이 직조한 순수의 해방 공간이 내재되어 있다.

> 밀려왔다 밀려가는 햇빛 물고기 떼
> 꼬리에 꼬리를 물고

반짝이며 모였다 흩어지는
찰나의 기억비늘들
끝날 것 같지 않던
그 환(幻)의 정수리에 쿵, 부딪는 순간

아, 눈부셔

—「공(空)의 인상」 부분

비어 있는 것들에게 인상이 있을까? 시인은 '공(空)의 인상'이라는 말로 가시적 현상 이면이 만든 상상에 형상의 날개를 달아준다. "햇볕 물고기", "찰나의 기억비늘들", "환(幻)의 정수리"는 모두 '空의 인상들'이다. 그것은 객관적 사물로 인식되지 않는 주관의 상상이 만들어낸 환상의 표정들이다. 사물성의 옷을 입지 않고 있다는 점에서 그것은 일종의 파장처럼, 빛처럼, 환각처럼 상상의 지평을 열어놓는다. 개념의 옷을 입지 않는 알몸의 언어처럼 "空의 인상"은 아름답다. 이러한 "찰나"의 의식을 포착하려는 것은 기호로 장악된 어두운 생의 그늘로부터 그가 탈주할 수 있는 정신의 도피처이기 때문이다.

정진영이 갈구하는 자유의 쾌감은 이처럼 기억과 몽상에 의존하고 있다. '수족관', '검은 연못', '공중전화 부스' '유리 돔'이 모두 존재를 감금하는 결박의 상상력으로 기울었다면, '바다', '무인도', '첫사랑', '별'의 이미지들은 구정물 같은 세계로부터 존재를 구출하는 피안의 처소로 선택된다.

손바닥만 한 실그물 하나로
물속 전체를 붙들고 싶었던

서툴게 빛나던 그때,

—「첫사랑」 부분

"손바닥만 한 실그물 하나"만으로 충분히 행복했던 "그때", "서툴"지만 "빛나던" 시절, 첫사랑의 기억은 이렇듯 강렬한 추억을 남긴다. 작은 것이 전부일 수 있던 때, "물속 전체를" 소유할 수 있다고 자부했던 열정과 갈망, 어리숙하고 완전하지 않기에 더 풍요로웠던 세계를 그는 추억한다. 기억 속에는 부채의 의식도 현실의 얽매임도 존재하지 않는다. 자유를 향한 한없는 돌진만이 있을 뿐이다. 세계내존재(世界內存在)만으로도 충분했던 기억들과 그는 조우한다. 상흔도 아름다울 수 있었던 '첫사랑'의 향기는 그가 지향하고자 하는 삶의 조건들이 무엇인지 다시금 떠올리게 만든다.

파도 꽉꽉 눌러 담은 바다 되어
아무런 생각 없는 무인도까지
한번 가보고 싶다

—「즐거운 점심」 부분

"아무런 생각 없는 무인도"가 상징하듯 충동과 감성만이 출몰하는 곳으로 그는 존재의 항해를 떠나기를 열망한다. 이는 갇힌 물의 세계가 아니라 출렁이는 바다의 세계이기에 가능한 사유이다. 생명의 율동이 흐르는 곳을 향하는 그의 의식은 무목적의 목적성을 지향한다. 인간은, 인간의 삶은, 존재의 사유는, 그 자연의 물결 안에 스며 있어야 함을 역설하는 것이다. 정진영은 인공의 낙원에 갇힌 인간 군상들을 뒤로하고 자연의 바다로 좌표를 수정한다. 이는 존재의 테두리에 덧씌워진 완강한 현실의 성채를 붕괴시키고 싶은 심리의 발로이다.

> 소곤대는 말을 들으려 사락사락, 연두색 감지기들 부풀어 오른다, 머지않아 수천 배나 큰 나뭇잎으로 펼쳐질 사락사락, 쉼 없이 귓속말을 쟁여 넣는 가지 끝 싹눈들, 곧 다가올 계절의 완성을 위해 사락사락, 대지를 뒤덮을 듯 내려앉는 뿌연 목소리, 사락사락, 이슬비 온다.
>
> —「점묘법으로 듣기」 부분

"소곤대는 말", "사락사락", "귓속말", "뿌연 목소리", 이 모든 것들은 "다가올 계절의 완성을" 위해 자연이 내뱉는 소리들이다. 자연의 소리는 낮고 작게 읊조리며 흐릿하다. 그들의 소리는 연약하다. 하지만 그 소리들은 결핍이 아닌 완성을 준비하는 소리다. 대지를 적시는 "이슬비"가 자연과 교감하는 순간을 시인은 포착한다. 이슬비는 생명을 여는 소리이며, 새싹을 감지하는 소리이며, 미래의 나무를 키우고 품는 소리이다. 이 작은 소리들이 모여 완성된 계절의 그림을 채색하고 있다.

정진영이 추구하는 시인의 언어는 바로 이러한 속삭임의 말, 생성의 몸짓, 존재를 키우고 미래를 완성하는 울림일 것이다. 생명의 물소리는 상실된 것들에게 생명을 주고, 억압된 것들에게 자유를 주며, 결핍된 것들에게 풍요를 선사한다. 자연의 밀어(密語)를 엿듣는 시인의 눈길이 신명으로 가득한 것은 완성을 향한 지향 이외에 그 어떤 부정의 의도가 포함되지 않기 때문이다. 자연은 그 자체로 순수성을 훼손하지 않는다. 자연의 질서를 위배하는 인위가 작동될 때 자연은 상처로 얼룩지는 것이다.

4. 달빛의 수신기를 달다

정진영의 『중환자실의 까뮈』 전편에 흐르고 있는 주된 심상은 어둠과 우울의 그늘이다. "감쪽같이 사라진 시간"(「고양이 눈」)을 붙잡을 수 없는 슬픈 병자의 초상이 곳곳에 출몰한다. 시인이 만난 사람들은 모두 "각기 다른 방향으로 흩어지며"(「케르겔렌 군도」), 자신들만의 "섬"에 유배되어 존재의 울타리 밖으로 나오지 못한다. 튀어 오르려는 말의 욕망은 충돌하고, 몸짓의 아우성은 외부의 힘에 의해 압살당한다. "벌레 슬은 이파리처럼 목구멍 속으로 말려들기만 하던 문장들을"(「지하철 1호선에서의 웅변」) 웅얼거리는 "나"는 사람들과 섞이지 못하는 고독한 자아이다. 현실과 꿈의 뚜렷한 경계를 끊임없이 확인해야 하는 고통스러운 삶으로부터 그는 병들어가는 인간 주체의 외롭고 슬픈 내면을 직시한다. '나의 얼굴'과 '타자의 얼굴'이 모두 "환자"의 초라한 모습으로 각인될 때 생은 비극적인 것이 될 수밖에 없다.

존재의 이상이 실현되는 '기적'은 까뭐의 병상에는 없다. 다만 그 꿈을 포기하지 않는 존재의 항변이 자리한다. 그런 의미에서 정진영의 "까뮈"는 병든 세계와 싸우는 병든 존재의 외로운 투쟁이다. 책 속의 진실이 아니라 책 밖의 썩은 무대를 향해 그는 고통의 페르소나를 내어 놓는다. 진지하고 어둡고 낮은 목소리로 제 몸의 상처를 아프게 드러내는 것이다.

> 또 다른 나였던 당신, 정말 잘 지내나요 당신이 내게 보여주었던 별 하나를 기억한다면 짙은 밤을 떼어 우표로 꼭꼭 붙여 내게 보내주십시오 나 여기 오늘도 스스로 반짝이는 법을 영영 잊어버렸으니
>
> —「페르소나 2」 부분

지금은 "반짝이는 법"을 "잊어버렸"지만 "또 다른 나였던 당

신"은 "스스로 반짝이는 법"을 기억하고 있는 존재이기도 하다. 빛나는 시간으로부터 이별할 수밖에 없는 지난한 고통의 시간이 그를 병들게 하고 아프게 했다.

하지만 시인은 분명히 기억한다. 열망과 순수의 기억, 스스로 별로 빛났던 순결한 시간을. 빛나는 별의 시간이 다시 오기까지 그는 어둠과 싸워야 할 것이다. 더 찢기고 상처 나는 중환자실의 까뮈가 되어야 할 것이다. 빛의 환희가 과거가 아니라 현재와 미래의 그림으로 채색되기 위해 그는 멈추지 않고 "우주에 주파수"를 맞추는 "달빛 수신기"(「달은 가장 오래된 텔레비전」)를 달아 올려야 할 것이다.

이 도서의 국립중앙도서관 출판시도서목록(CIP)은 서지정보유통지원시스템 홈페이지(http://seoji.nl.go.kr)와 국가자료공동목록시스템(http://www.nl.go.kr/kolisnet)에서 이용하실 수 있습니다. (CIP제어번호: CIP2013021777)

시인동네 시인선 004

중환자실의 까뮈

초판 1쇄 발행 2013년 11월 29일
초판 2쇄 발행 2014년 12월 10일
지은이 정진영
펴낸이 김석봉
책임편집 이현호
디자인 조동욱
펴낸곳 문학의전당
출판등록 제311-2012-000043호
주소 서울시 은평구 연서로11길 7-5 401호
편집실 서울시 마포구 공덕2동 404 풍림VIP빌딩 413호
전화 02-852-1977
팩스 02-852-1978
블로그 http://blog.naver.com/mhjd2003
전자우편 sbpoem@naver.com

ISBN 978-89-98096-54-0 03810

* 이 시집은 〈2008 아르코 문학창작기금〉을 지원받아 제작되었습니다.
* 이 시집은 〈2014 세종도서 문학나눔〉 도서에 선정되었습니다.